AIMÉ SEILLIÈRE

AIMÉ SEILLIÈRE

MORT A PARIS

LE 10 OCTOBRE 1870

SAINT-DIÉ

TYPOGRAPHIE ET LITHOGRAPHIE DE ED. TROTOT

1871

OCTOBRE 1871.

La ville de Senones a été dernièrement témoin d'une cérémonie douloureuse, qui laissera dans l'esprit de tous ceux qui y ont assisté un long et touchant souvenir. Pour la troisième fois en peu d'années la population des environs venait, muette et recueillie, rendre à un membre de la famille Seillière un hommage suprême et un pieux témoignage de reconnaissance. Qui eût vu la tristesse profonde empreinte sur tous les visages eût compris combien était regretté l'homme de bien que l'on conduisait à sa dernière demeure; et certes parmi ceux qui, pendant sa carrière trop courte, ont connu Aimé SEILLIÈRE, il n'est personne qui ne sache combien cette douleur était juste et ces regrets mérités !

Né à Reims le 21 juin 1835, Edgar-Aimé Seillière avait commencé de bonne heure à suivre les traditions de travail qui, dans sa famille, se transmettent à chaque génération. Son père, M. Ernest Seillière, l'un des industriels les plus connus et les plus distingués de l'Est, a laissé d'impérissables souvenirs dans le pays où sa vie s'est écoulée. Sous la direction paternelle, Aimé Seillière comprit que l'intelligence développée par le travail donne seule la force et la véritable supériorité. Sorti de l'établissement de Sainte-Barbe avec les deux diplômes des baccalauréats, il entra très-jeune à l'Ecole Centrale des arts et manufactures, où il conquit le titre d'Ingénieur civil. Partout il était aimé et apprécié de ses compagnons d'études, auxquels il conserva toujours des sentiments d'affection ; ils le trouvèrent en toute circonstance prêt à les aider et à les soutenir. Arrivé à un degré d'instruction que beaucoup d'autres auraient jugé suffisant, il voulut ajouter les connaissances pratiques aux études théoriques, et, afin de pénétrer tous les secrets de l'industrie cotonnière, à laquelle il désirait se vouer ainsi que son père l'avait fait, il s'astreignit à travailler pendant un an, comme simple ouvrier, dans différents ateliers du Haut-Rhin, du Nord et de l'Angleterre. On se tromperait toutefois en pensant que cette courageuse résolution, dans laquelle il persévéra avec une ardeur méritoire, l'eût entièrement absorbé. Il se délassait en continuant ses travaux littéraires qui étaient une de ses meilleures distractions ; ce fut à cette époque de sa vie qu'il peignit dans un livre charmant : « Au pied du Donon » les mœurs de cette partie des Vosges où s'était écoulée son enfance. Il y décrivit avec amour les sites pittoresques de ce beau pays, et ce petit roman destiné à faire connaître et aimer les Vosges, semble une protestation contre l'injuste oubli dans lequel les voyageurs les laissaient encore. Malgré les préoccupations de l'œuvre industrielle à laquelle il avait consacré sa vie, il n'abdiqua jamais ces goûts de sa première jeunesse. Membre de plusieurs sociétés pour l'étude des langues mortes, il se plaisait à relire les auteurs de l'antiquité, et oubliait ainsi les fatigues d'une longue journée de labeur. Plus tard, dans ses dernières années, quand de lourds soucis et d'amers chagrins se partageaient son existence, il cherchait et trouvait la consolation et le repos de l'esprit, aussi bien dans l'étude la plus élevée de la Religion, que dans les belles pages de Sophocle et d'Homère qu'il avait gravées dans sa mémoire.

Revenu à Senones en 1861, Aimé Seillière y associa ses efforts à ceux de son père, et prit dès lors une part active à la direction des importantes usines dont celui-ci était l'âme, on pourrait dire le créateur. Bientôt chacun, en voyant ce jeune homme grave et sérieux joindre à de grandes facultés morales le culte du devoir et l'amour du bien, comprit qu'un brillant avenir lui était réservé, et qu'il méritait la haute estime et l'affection de tous. Aussi en 1864, les habitants du canton de Senones prouvèrent-ils combien ils étaient sympathiques à son caractère et savaient apprécier sa valeur en envoyant Aimé Seillière siéger au Conseil général des Vosges, dont il fut membre jusqu'à sa mort. Il s'y fit remarquer dès le début par son zèle et par l'étendue de ses aptitudes; ses collègues se plaisaient à lui confier l'examen des questions les plus difficiles, sur lesquelles il savait toujours jeter une vive lumière. Mentionnons ici une touchante coïncidence. Le 10 octobre 1870, le jour même où il mourait à Paris victime de son attachement au devoir, ses nombreux amis se réunissaient dans les Vosges pour le porter l'un des premiers sur la liste des candidats aux élections législatives.

L'heure des épreuves et de la lutte allait sonner pour Aimé Seillière. Le 8 août 1864, une mort, hâtée par les soucis des affaires, enleva son père à l'affection des siens. Il recueillit sans faiblir l'héritage d'honneur qui lui était laissé, et, si sa douleur fut immense, il sut la dompter pour se montrer digne de celui qu'il avait perdu. Quoiqu'il n'eût que vingt-neuf ans, il fut nommé chef de la Société des Usines de Saint-Maurice, et assuma sans défaillance un fardeau qui était alors écrasant. La crise effrayante provoquée par la guerre d'Amérique ne put ébranler son courage, ni trouver sa prudence en défaut ; son énergie sut parer aux dangers sans nombre qui menaçaient à cette époque l'industrie cotonnière.

Toutefois son ambition était plus haute, et sa tâche lui eût semblé incomplète, si ceux à la tête desquels il était placé n'avaient pas dû ressentir les bienfaits de sa présence au milieu d'eux. Ce fut alors qu'il commença et poursuivit sans relâche l'œuvre philanthropique qui devait rester jusqu'à sa mort l'une de ses constantes préoccupations. M. Ernest Seillière avait légué une somme considérable aux ouvriers de ses usines ; les subventions de la Société, les dons de divers personnes vinrent s'ajouter à ce capital que la générosité d'Aimé Seillière accrut encore. Il l'employa à fonder une Société de secours mutuels et de retraite, qui devait éloigner la misère du foyer de ses ouvriers, et leur assurer une vieillesse tranquille.

Cette association, la plus importante du département des Vosges, compte maintenant plus de onze cents membres.

Les années qui suivirent furent peut-être pour Aimé Seillière les plus belles de sa vie. Au mois de février 1865, il épousa Mademoiselle Marie de Laborde, fille du marquis de Laborde, alors Directeur général des Archives de France. Cette jeune femme charmante, chez qui la distinction de l'esprit et la bonté du cœur égalaient la beauté, ramena un instant la joie dans une famille éprouvée. Digne en tous points des hautes qualités de son mari, elle s'associait à ses œuvres en le secondant de son intelligence, aussi bien que de son cœur.

Si ce bonheur fut très-grand, il devait être bien court ! Au moment où la naissance successive de deux enfants venait de le rendre complet, un coup terrible le brisa subitement. Le 14 août 1867, Madame Aimé Seillière, à peine âgée de 23 ans, fut enlevée en quelques heures à la tendresse des siens et à l'affection de tous ceux qui l'avaient connue. Cet affreux malheur fit au cœur de son mari une profonde blessure. Atteint dans ses sentiments les plus chers, il se raidit en vain contre sa douleur, elle était de celles que l'homme ne peut supporter, une tristesse invincible s'empara de lui, et dès lors sa santé s'altéra visiblement. Mais s'il ploya sous le fardeau, il n'en fut pas écrasé, car il était chrétien, et la religion lui apporta la force que son énergie ne pouvait lui donner. Il courba la tête, sans se plaindre, sous la main de la Providence qui l'avait frappé pour le grandir. Son âme parut s'élever encore sous la cruelle étreinte de la souffrance, et ce fut en s'occupant avec un surcroît de zèle de ses œuvres de bienfaisance qu'il s'efforça de combler le vide cruel fait à ses côtés.

Voulant perpétuer dans la mémoire des ouvriers de la vallée le souvenir de celle qu'il avait perdue, il fonda à Senones une maison de patronage, où dix jeunes filles reçoivent jusqu'à leur majorité, les soins intelligents et l'instruction chrétienne qui peuvent en faire plus tard de sages mères de famille. Ainsi chaque nouvelle douleur qui frappait Aimé Seillière, devenait pour les indigents la source de nouveaux bienfaits; lui-même les visitait, les secourait et leur prodiguait ces marques d'intérêt et de sympathie qui souvent sont plus chères aux pauvres que des secours matériels; estimant que l'instruction primaire est pour les classes nécessiteuses de la plus haute importance, il l'encouragea de tout son pouvoir, et c'est à lui qu'on doit la fondation de plusieurs bibliothèques communales. Nommé Officier d'Académie, il s'honorait d'appartenir au Conseil supérieur d'enseignement technique, et il avait été choisi comme membre de l'importante Commission des valeurs au Ministère des finances, de même qu'en 1867 il avait fait partie du Jury de l'exposition universelle pour une des classes spécialement consacrée à l'étude des problèmes qui touchent la population ouvrière.

Une question de la plus haute importance allait bientôt lui permettre d'employer dans l'intérêt de tous les précieuses connaissances qu'il avait acquises. La lutte décisive s'engagea entre les utopies des libres échangistes et les intérêts de l'industrie française. Aimé

Seillière se souvint que son père avait été l'un des plus ardents défenseurs du travail national, et il mit au service de cette noble cause toute son intelligence. Pendant de longs mois il resta sur la brèche à côté de MM. Pouyer-Quertier, Feray d'Essonnes, Géliot, Auguste Dolfus, Claude des Vosges, Schlumberger, Kœkclin, avec l'énergie que donne une conviction profonde. Les meetings de Remiremont et de Mulhausen le placèrent au premier rang parmi les hommes qui s'occupaient de ces importantes questions. Choisi le troisième par ses collègues de l'industrie pour aller défendre leurs intérêts devant la Commission d'enquête parlementaire, il y déploya une éloquence et une vigueur auxquelles ses adversaires économiques eux-mêmes se virent forcés de rendre justice. De concert avec ses amis, il remporta un premier triomphe par le retrait des admissions temporaires, et il eût sans doute obtenu davantage si la guerre n'était venue mettre un terme à cette lutte pacifique. La croix de la Légion d'honneur fut un dernier témoignage rendu à son mérite et à la loyauté de ses efforts. Vers la même époque, l'exposition de Rome, dont il s'occupa, lui valut la décoration de l'Ordre de Saint-Sylvestre.

En 1869, il avait épousé sa belle-sœur, Mademoiselle Marguerite de Laborde, que son cœur avait choisie pour seconde mère à ses enfants, et qui, seule, pouvait lui rendre un bonheur perdu.

La guerre de 1870 éclata; elle trouva Aimé Seillière ferme à son poste. Pas plus que la France, l'industrie du pays n'était prête à supporter cette épreuve;

aussi dès le premier jour fut-il justement alarmé des conséquences probables de la lutte, et il fit part à ses amis des funestes pressentiments qui pesaient sur son âme. Sa prudence habituelle ne l'abandonna pas, il prit toutes les mesures que l'expérience lui suggéra pour maintenir le travail dans les usines confiées à ses soins, et il attendit. Bientôt le canon de Frœschviller marqua le premier acte de cette lugubre tragédie; il quitta Senones pour venir défendre à Paris, où s'était réfugiée sa famille, les intérêts financiers de la société qu'il administrait : là se trouvait réellement le poste du danger.

Mais c'en était trop. Usé par la douleur et les soucis, il ne put résister à des émotions si répétées ! Nous l'avons vu alors, nous tous qui l'aimions, nous l'avons vu, cet homme énergique, plier sous le poids croissant des calamités et des deuils qui couvraient la France; chacun de ces jours, marqués par des malheurs nouveaux, semblait emporter un peu de sa vie et de ses forces. Deux sentiments demeuraient seuls dans son cœur : une immense douleur pour les maux qu'il voyait autour de lui, et le souvenir toujours présent des devoirs qui lui restaient à accomplir. Après la journée de Sedan, il prit le fusil de garde national, et, disant adieu à tout ce qu'il aimait, il força sa jeune femme à quitter Paris avec sa mère et ses enfants. L'investissement le priva pendant le dernier mois de sa vie de toutes communications avec les siens, et, bien qu'entouré des attentions affectueuses de sa belle-mère, le poids de ses inquiétudes devenait de jour en jour plus accablant. Il sentait vaguement la mort planer sur lui, mais ne la craignait pas ; et prenant ses dispositions en homme et en chrétien, il s'en remit aux volontés de la Providence.

Aucune douleur toutefois ne devait lui être épargnée. Il connut, comme tant d'autres, la poignante incertitude où l'isolement laissait les assiégés sur le compte de ceux qui leur étaient chers. Quel avait été le sort de son frère qui avait été le remplacer à Senones ? Ce fut là un de ses soucis les plus cruels. Pressentiments trop bien fondés ! Ce dernier faillit être fusillé par les Allemands, comme chef de francs-tireurs, le 4 octobre 1870.

Cinq jours plus tard Aimé Seillière mourait subitement dans son hôtel, accablé par les souffrances de son cœur ! Ses beaux-frères et les nombreux amis qu'il comptait encore dans Paris purent seuls suivre jusqu'au cimetière de St-Pierre-Montmartre, au grondement continuel du canon de Châtillon, sa dépouille mortelle provisoirement déposée. Pendant plusieurs jours sa famille ignora la perte irréparable qu'elle avait faite, et ce ne fut que longtemps après que sa mère put, en traversant les batteries de la Commune, venir pleurer sur cette tombe près de laquelle se livra plus d'un combat meurtrier.

Aujourd'hui il repose en paix dans le caveau de sa famille, près de celle qui, trois ans auparavant, l'y avait précédé, au milieu de ses ouvriers dont le bien-être fut sa constante pensée. C'est le 27 octobre 1871 qu'il fut ramené dans cette vallée de Senones qu'il avait quittée depuis un an, frappé au cœur du mal qui devait l'enlever. Accourus sur le passage du funèbre cortége, les travailleurs des usines et les habitants du canton se pressaient en foule dans l'Église devenue trop petite en cette lugubre matinée. Tous ses ouvriers s'étaient secrètement cotisés pour déposer sur le cercueil une couronne de marbre blanc avec ces mots :

« A NOS BIENFAITEURS, LES OUVRIERS RECONNAISSANTS. »

Sur la tombe encore ouverte, l'un d'eux prononça d'une voix émue des paroles touchantes dans leur simplicité. Il rappela brièvement les malheurs successifs qui avaient frappé la famille SEILLIÈRE, et les titres nombreux qu'elle s'était acquis à la reconnaissance de tous. Cet éloge fut le seul prononcé, le seul qu'Aimé Seillière eût sans doute voulu recevoir, car l'orateur parlait au nom de la population ouvrière, et chaque cœur dans la foule recueillie faisait écho à ces paroles d'affection et de gratitude.

Ils sont rares de nos jours les hommes dont la mort fait couler les larmes du peuple, parce qu'ils sont rares ceux qui joignaient, comme Aimé Seillière, aux facultés de l'esprit le plus élevé un cœur profondément bon et généreux.

Saint-Dié, Typog. et Lithog. de Ed. TROTOT.

www.ingramcontent.com/pod-product-compliance
Lightning Source LLC
Chambersburg PA
CBHW061618040426
42450CB00010B/2553